Cinco Minutos -
O Poder da Oração

David Ramiah

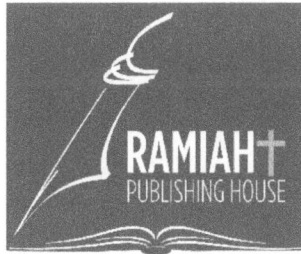

Cinco Minutos – O Poder da Oração
Direito autoral ©2017 por David Ramiah

Editado por Cristiane C. de Paula Brito
Traduzido por Kevin Moreira

Design da capa:
Ramiah Publishing House
"O meu coração ferve com palavras boas; falo do que tenho feito no tocante ao rei; a minha língua é a pena de um destro escritor". Salmos 45:1

Publicado no Canadá
ISBN 978-0-9959385-0-2

Impresso no Canadá
03/08/2017

Cinco minutos irão quebrar as correntes e os grilhões de Satanás em sua vida, e na vida de seus entes queridos!

Cinco minutos podem fazer com que você veja seus entes queridos salvos.

Cinco minutos podem fazer você a pessoa mais feliz da vida.

Cinco minutos podem trazer o céu para a terra em sua vida.

Cinco minutos podem fazer seus sonhos divinos se realizarem.

Com Cinco minutos você pode obter tudo o que você sempre precisou de Deus.

Cinco minutos podem fazer a eterna mudança em sua vida que você tem procurado.

"e se o meu povo, que se chama pelo meu nome, se humilhar, e orar, e buscar a minha face, e se converter dos seus maus caminhos, então, eu ouvirei dos céus, e perdoarei os seus pecados, e sararei a sua terra". (2 Crônicas 7:14)

"Clama a mim, e responder-te-ei e anunciar-te-ei coisas grandes e firmes, que não sabes". (Jeremias 33: 3)

"E será que, antes que clamem, eu responderei; estando eles ainda falando, eu os ouvirei". (Isaías 65:24)

"E tudo quanto pedirdes em meu nome, eu o farei, para que o Pai seja glorificado no Filho. Se pedirdes alguma coisa em meu nome, eu o farei". (João 14: 13-14)

"Até agora, nada pedistes em meu nome; pedi e recebereis, para que a vossa alegria se cumpra". (João 16:24)

Querido Deus Pai,

Faço Jesus Cristo, meu Senhor e meu Salvador. Por favor, perdoa-me por cada pecado que cometi, lava-me com o sangue de Jesus Cristo e purifica-me. Enche-me com o teu Espírito Santo que eu nasci de novo.

Eu declaro que Jesus Cristo é meu Senhor, meu Salvador e meu Deus. O sangue de Jesus Cristo me cobre e tem poder sobre mim. Amém.

MUDANÇA REAL E VERDADEIRA

A oração muda as coisas. Se você quer ver uma mudança real e verdadeira em sua vida, você deve orar a Deus Pai em nome de Jesus Cristo. A oração faz a diferença.

Talvez, você é como a maioria das pessoas hoje que estão tão ocupadas com a vida que não tiram tempo para orar. Você acha difícil reservar um tempo específico para se comunicar com Deus, de uma maneira que valha a pena?

"Cinco minutos" irá ajudá-lo. Foi feito para você.

Orar por curtos períodos de tempo ao longo do dia o ajudará a desenvolver e aprimorar sua vida de oração. Você vai experimentar resultados tangíveis em um curto período de tempo. E eventualmente você perceberá que está orando cada vez mais, na fé, e com resultados maiores.

Há orações sugeridas para quando você está tomando café da manhã, para a hora do almoço, hora do jantar, e antes de dormir.

Lembre-se disso, você não precisa ter os olhos fechados toda vez que você está orando. Você fecha os olhos quando fala com seu melhor amigo? Você fecha os olhos quando fala com seu pai?

Deus é seu melhor amigo e seu Pai. Portanto, não tenham medo de abrir os olhos quando estão falando com Ele. E a oração é simplesmente comunicar-se com o Senhor. Comunicar sua adoração, seu amor, ação de graças, suas necessidades e seus desejos. Tire Cinco minutos e fale com seu Pai.

Começo: 12/3/2016

"Eu tomo esta decisão hoje,
Eu não vou viver com medo!
Eu escolho acreditar em Deus.
Tudo o que Deus permite que aconteça na minha vida, deixe acontecer".

" não temas, porque eu sou contigo; não te assombres, porque eu sou o teu Deus; eu te esforço, e te ajudo, e te sustento com a destra da minha justiça". (Isaías 41:10)

" O Senhor está comigo; não temerei o que me pode fazer o homem". (Salmos 118:6)

"Porque Deus não nos deu o espírito de temor, mas de fortaleza, e de amor, e de moderação". (2 Timóteo 1:7)

"Não temais, pois; mais valeis vós do que muitos passarinhos". (Mateus 10:31)

" Não se turbe o vosso coração; credes em Deus, crede também em mim". (João 14:1)

"Toda ferramenta preparada contra ti não prosperará; e toda língua que se levantar contra ti em juízo, tu a condenarás; esta é a herança dos servos do Senhor e a sua justiça que vem de mim, diz o Senhor". (Isaías 54:17)

ORAÇÃO DO CAFÉ DA MANHÃ :

Querido Deus Pai,

1. Unge-me hoje para as tarefas que tens para eu fazer, de acordo com Atos 10:38: "como Deus ungiu a Jesus de Nazaré com o Espírito Santo e com virtude; o qual andou fazendo o bem e curando a todos os oprimidos do diabo, porque Deus era com ele," e 2 Coríntios 1:21, "Mas o que nos confirma convosco em Cristo e o que nos ungiu é Deus".

2. Faz com que eu seja quem tu queres que eu seja, de acordo com Efésios 2:10, "Porque somos feitura sua, criados em Cristo Jesus para as boas obras, as quais Deus preparou para que andássemos nelas," e Jó 10: 8, "As tuas mãos me fizeram e me entreteceram; e, todavia, me consomes", e Salmo 33:15, " Ele é que forma o coração de todos eles, que contempla todas as suas obras".

3. Trabalha em mim para cumprir a tua vontade e o bom prazer, de acordo com Filipenses 2:13: "porque Deus é o que opera em vós tanto o querer como o realizar, segundo a sua boa vontade," e Salmo 18:32, "É Deus que me dá força e faz perfeito o meu caminho," e Romanos 8:28: " E sabemos que todas as coisas contribuem juntamente para o bem daqueles que amam a Deus, daqueles que são chamados por seu decreto".

4. Dá-me o amor, a graça, o poder e a força de que preciso neste dia, de acordo com o Salmo 27:1, "O Senhor é a minha luz e a minha salvação; a quem temerei? O Senhor é a força da minha vida; de quem me recearei?" e Filipenses 4:13, "Posso todas as coisas naquele que me fortalece".

5. Cobre-me e tudo o que é meu com o sangue de Jesus Cristo, incluindo os membros da minha família. Faz-me um testemunho a outros de acordo com Apocalipse 12:11, "E eles o venceram pelo sangue do Cordeiro e pela palavra do seu testemunho, e não amaram a sua vida até à morte".

6. e Atos 1:8, " Mas recebereis a virtude do Espírito Santo, que há de vir sobre vós; e ser-me-eis testemunhas tanto em Jerusalém como em toda a Judeia e Samaria e até aos confins da terra,"
7. e 1 Pedro 1:2, "eleitos segundo a presciência de Deus Pai, em santificação do Espírito, para a obediência e aspersão do sangue de Jesus Cristo: graça e paz vos sejam multiplicadas".

Pai Nosso que estais no céu,
Santificado seja o Teu Nome.
Venha o Teu Reino.
Seja feita a tua vontade na terra,
Como está no céu.
Este dia, dá-nos o nosso pão de cada dia.
E perdoa-nos as nossas ofensas,
Assim como nós perdoamos a quem nos tem ofendido.
E não nos deixes cair em tentação,
Mas livra-nos do mal.
Pois Teu é o reino, o poder e a glória,
Para sempre e sempre. Amém.

ORE ASSIM:

Meu Senhor e meu Deus, unge-me para o que tu vais fazer por mim hoje; Unge meus olhos, meus ouvidos, minha boca, meu cérebro, minha mente, minhas mãos e meus pés. Unge minha visão e minha audição, meus pensamentos e minha fala, minha ação, minha ida e minha vinda. Preenche minha alma com fé, amor e poder, coragem, ousadia, determinação e perseverança. Deixa que as coisas que desejo sejam Tuas, e deixa-me ser o que Tu queres que eu seja. Deixa a mente de Cristo governar minha mente, e deixa o Senhor Jesus Cristo governar minha vida.

Eu sou a tua obra, ó Deus. Torna-me na pessoa que queres que eu seja. Molda-me. Enche-me cada vez mais com o teu Espírito e com o teu poder, o teu conhecimento, a tua sabedoria, o teu caráter e os teus desejos. Quero pensar, falar e agir mais como Jesus todos os dias

Senhor, tu resides em mim. Trabalha e cumpre tua vontade, teu plano e teu propósito para a minha vida. Eu me rendo a Ti. Ama através de mim, perdoa através de mim, pensa, fala e aja através de mim. Dá-me a força que eu preciso. Faze com que teu poder flua através de mim, fazendo-me ser luz e sal na terra.

Coloca em mim um espírito de "proatividade" que me faça agir e progredir rapidamente na vida. Faz-me ter grande sucesso e prosperar. Guia-me, dirige-me e instrui-me. Vou te seguir. Permita-me ouvir tua voz e conhecer tua liderança. Guia-me com teus olhos em cima de mim. Toma-me pela mão e guia-me no caminho da justiça, favor e benção. E dá-me o favor divino, o favor amoroso, o favor amável, o favor duradouro, o favor do rei, o favor todo em torno de mim sempre. Peço tudo isso em nome de Jesus. Amém.

Salmos 119:18, " Desvenda os meus olhos, para que veja as maravilhas da tua lei".

PODER DE MINHAS PALAVRAS

"Assim também a língua é um pequeno membro e gloria-se de grandes coisas. Vede quão grande bosque um pequeno fogo incendeia. 6 A língua também é um fogo; como mundo de iniquidade, a língua está posta entre os nossos membros, e contamina todo o corpo, e inflama o curso da natureza, e é inflamada pelo inferno". (Tiago 3:5-6)

Minha língua é incendiada pelo Espírito Santo. É colocada entre meus membros e permeia todo o meu corpo e alma com justiça, vida santa e amor de Deus. E define o curso da minha vida com o fogo do Espírito Santo, o poder milagroso de Deus, as virtudes curativas de Jesus Cristo e a presença eterna de Deus nosso Pai.

Está cheia das palavras de Deus que são mais afiadas do que qualquer espada de dois gumes. E aquelas palavras ungidas por Deus sobre a minha língua saem para produzir e dar-me vida em abundância nesta terra. Que em toda parte eu possa prosperar e ter grande sucesso. O inimigo não pode me enganar. O Senhor meu Deus me faz sempre ter vitória e triunfo. Ele faz meus pés para serem ágeis e fortes para andarem permanentemente no camino reto. Ele me fortelece e torna todos os meus caminhos perfeitos.

Eu declararei que sou a justiça de Deus em Cristo Jesus. Eu estou sentado à Tua mão direita em Jesus Cristo, que intercede continuamente por mim. Eu nunca perco. Eu sempre ganho. Eu sou um rei, um sacerdote e um embaixador de Cristo.

Jesus Cristo, meu Senhor, venceu o mundo e eu o faço. Se Ele é por mim, quem pode vir contra mim? Ele luta minhas batalhas. O sangue de Jesus Cristo me cobre e tem poder sobre mim.

ORAÇÃO DO ALMOÇO:

Obrigado, Senhor, por me abençoar, por me libertar, por me dar favor e me cercar como um escudo, de acordo com o Salmo 3:8, " A salvação vem do Senhor; sobre o teu povo seja a tua bênção. (Selá)," e Salmo 21:3, "Pois o provês das bênçãos de bondade; pões na sua cabeça uma coroa de ouro fino," e Salmo 5:12, "Pois tu, Senhor, abençoarás ao justo; circundá-lo-ás da tua benevolência como de um escudo".

Manifesta tua bênção em minha vida hoje; Tua provisão, proteção e respostas para minhas orações, de acordo com Isaías 65:24, " E será que, antes que clamem, eu responderei; estando eles ainda falando, eu os ouvirei," e Jeremias 33:3, "Clama a mim, e responder-te-ei e anunciar-te-ei coisas grandes e firmes, que não sabes," e Isaías 54:13-14, "E todos os teus filhos serão discípulos do Senhor; e a paz de teus filhos será abundante. Com justiça serás confirmada e estarás longe da opressão, porque já não temerás; e também do espanto, porque não chegará a ti".

Abençoa-me e faz-me uma benção, de acordo com Gênesis 12:2-3, "E far-te-ei uma grande nação, e abençoar-te-ei, e engrandecerei o teu nome, e tu serás uma benção. E abençoarei os que te abençoarem e amaldiçoarei os que te amaldiçoarem; e em ti serão benditas todas as famílias da terra".

Ajuda-me a ganhar almas por Ti. Provérbios 11:30, "O fruto do justo é árvore de vida, e o que ganha almas sábio é", e Marcos 16:15, "E disse-lhes: Ide por todo o mundo, pregai o evangelho a toda criatura".

MUDANDO MINHA VIDA, UMA PALAVRA DE CADA VEZ

"E eles o venceram pelo sangue do Cordeiro e pela palavra do seu testemunho; e não amaram a sua vida até à morte". (Apocalipse 12:11)

"porque em verdade vos digo que qualquer que disser a este monte: Ergue-te e lança-te no mar, e não duvidar em seu coração, mas crer que se fará aquilo que diz, tudo o que disser lhe será feito". (Marcos 11:23)

"A morte e a vida estão no poder da língua; e aquele que a ama comerá do seu fruto". (Provérbios 18:21)

"Assim também a língua é um pequeno membro e gloria-se de grandes coisas. Vede quão grande bosque um pequeno fogo incendeia. A língua também é um fogo; como mundo de iniquidade, a língua está posta entre os nossos membros, e contamina todo o corpo, e inflama o curso da natureza, e é inflamada pelo inferno". (Tiago 3:5-6)

1. Sou um filho do Deus Altíssimo. Deus é meu Pai. Ele me ama. Seu amor nunca falha. Seu amor vai além de toda compreensão. Ele me favorece. Sua graça abunda para mim. Ele me envolve com Suas asas.
2. Eu sou um herdeiro de Deus e co-herdeiro com Jesus Cristo, portanto tudo o que pertence a Deus pertence a mim. Deus deu a Seus anjos a carga sobre mim. Ele tem anjos ministradores que ministram às minhas necessidades.
3. Portanto, todas as minhas necessidades são fornecidas. Anjos me guardam e o sangue de Jesus Cristo me cobre.
4. Deus está do meu lado. Ele pensa em mim. Ele só tem boas coisas em mente para a minha vida. Ele deseja que eu possa prosperar e estar em boa saúde. Ele me ensina a prosperar e me ensina a crecer.
5. Eu vivo sob a sombra do Deus Todo-Poderoso. Eu vivo na Sua presença. Portanto, estou seguro por Ele me guardar.

6. Nenhuma arma forjada contra mim prosperará e todo plano do inimigo para minha vida será destruído. O Senhor me dá a vitória e me conduz em triunfo.

7. Deus me deu vida abundante. Ele abriu as suas janelas do céu e derramou a sua bênção sobre mim. Ele repreende o ladrão por minha causa e impede que ele me roube. Deus derrota meus inimigos.

8. Eu sou curado pelas feridas de Jesus Cristo. Portanto, eu ordeno a todas as doenças e enfermidades que atingiram o meu corpo para sairem em nome de Jesus Cristo. O sangue de Jesus Cristo, que foi derramado por mim, é contra todas as doenças e enfermidades que atingiram o meu corpo.

9. Deus faz com que todas as coisas sejam boas para mim, portanto declaro que tudo está bem com meu corpo, minha vida, minha casa, minha família, minha igreja. Tudo está bem com tudo o que me pertence.

10. Quanto a mim e à minha casa, serviremos ao Senhor, pelo que ordeno a todos os demônios que retirem as mãos dos membros da minha família em nome de Jesus Cristo. Eu declaro que os membros da minha família estão livres para entrar no Reino de Deus agora. Senhor Jesus, atrai-os pelo Espírito Santo, e envia os teus anjos ministradores para tomá-los pela mão e trazer cada um deles para o teu Reino. Salve-os Senhor! Em nome de Jesus eu oro. Amém.

11. A riqueza dos ímpios é guardada para os justos. Visto que eu sou a justiça de Deus em Cristo, que a riqueza dos ímpios que está guardada para mim venha agora às minhas mãos. Obrigado, Senhor, por dinheiro novo.

A. Digo como Miquéias: "Não te regozijeis de mim, meu inimigo; se eu cair, eu me levantarei; se eu me assentar nas trevas, o Senhor será uma luz para mim,"

"Ó inimiga minha, não te alegres a meu respeito; ainda que eu tenha caído, levantar-me-ei; se morar nas trevas, o Senhor será a minha luz". (Miquéias 7: 8)

ORAÇÃO DO JANTAR:

Obrigado, Senhor, por cumprir tua vontade, teu plano e teu propósito na minha vida de hoje, de acordo com Filipenses 2:13, " porque Deus é o que opera em vós tanto o querer como o efetuar, segundo a sua boa vontade".

Obrigado por proteger-me, de acordo com o Salmo 91:1-2, " Aquele que habita no esconderijo do Altíssimo, à sombra do Onipotente descansará. Direi do Senhor: Ele é o meu Deus, o meu refúgio, a minha fortaleza, e nele confiarei", e Salmo 18:3, "Invocarei o nome do Senhor, que é digno de louvor, e ficarei livre dos meus inimigos", e Salmo 139:5-6, "Tu me cercaste em volta e puseste sobre mim a tua mão. Tal ciência é para mim maravilhosíssima; tão alta, que não a posso atingir".

Obrigado pela salvação dos meus entes queridos, de acordo com Josué 24:15, "...porém eu e a minha casa serviremos ao Senhor," e Atos 16:31-34, "E eles disseram: Crê no Senhor Jesus Cristo e serás salvo, tu e a tua casa. E lhe pregaram a palavra do Senhor e a todos os que estavam em sua casa. E, tomando-os ele consigo naquela mesma hora da noite, lavou-lhes os vergões; e logo foi batizado, ele e todos os seus. Então, levando-os a sua casa, lhes pôs a mesa; e, na sua crença em Deus, alegrou-se com toda a sua casa", e Isaías 54:13-14, "E todos os teus filhos serão discípulos do Senhor; e a paz de teus filhos será abundante. Com justiça serás confirmada e estarás longe da opressão, porque já não temerás; e também do espanto, porque não chegará a ti".

Obrigado pela minha família, de acordo com o Salmo 127:3-5, "Eis que os filhos são herança do Senhor, e o fruto do ventre, o seu galardão. Como flechas na mão do valente, assim são os filhos da mocidade. Bem-aventurado o homem que enche deles a sua aljava; não serão confundidos, quando falarem com os seus inimigos à porta", e Isaías 49:24-25, "Tirar-se-ia a presa ao valente? Ou os presos justamente escapariam? Mas assim diz o Senhor: Por certo que os presos se tirarão ao valente, e a presa do tirano escapará; porque eu contenderei com os que contendem contigo e os teus filhos eu remirei".

Obrigado pelo Pastor e pelos líderes, e por cada membro da Igreja, de acordo com Hebreus 13:7-8, " Lembrai-vos dos vossos pastores, que vos falaram a palavra de Deus, a fé dos quais imitai, atentando para a sua maneira de viver. Jesus Cristo é o mesmo ontem, e hoje, e eternament", e Romanos 12:4-5, "Porque assim como em um corpo temos muitos membros, e nem todos os membros têm a mesma operação, 5 assim nós, que somos muitos, somos um só corpo em Cristo, mas individualmente somos membros uns dos outros".

Salmos 18:3, "Invocarei o nome do Senhor, que é digno de louvor, e ficarei livre dos meus inimigos".

Mateus 5:13, "Vós sois o sal da terra; e, se o sal for insípido, com que se há de salgar? Para nada mais presta, senão para se lançar fora e ser pisado pelos homens".

E eles disseram: Crê no Senhor Jesus Cristo e serás salvo, tu e a tua casa.

ORAÇÃO PARA DORMIR

Querido Deus Pai, tu tens trabalhado através de mim hoje pelo Espírito Santo. Tu cumpriste Tua vontade para minha vida, Tu me abençoaste e me fizeste uma bênção, Tu me protegeste, me preservaste e me supriste. Eu te dou graças de acordo com Efésios 5:20, "dando sempre graças por tudo a nosso Deus e Pai, em nome de nosso Senhor Jesus Cristo", e 1 Tessalonicenses 5:18, "Em tudo dai graças, porque esta é a vontade de Deus em Cristo Jesus para convosco".

Obrigado, Senhor, que Tu fizeste todas as coisas bem na minha vida, hoje. E Tu fazes todas as coisas boas para mim de acordo com Romanos 8:28, "E sabemos que todas as coisas contribuem juntamente para o bem daqueles que amam a Deus, daqueles que são chamados por seu decreto" e 2 Samuel 22:33, "Deus é a minha fortaleza e a minha força, e ele perfeitamente desembaraça o meu caminho," e Salmo 5: 8: "Senhor, guia-me na tua justiça, por causa dos meus inimigos; aplana diante de mim o teu caminho" e Salmo 18:32, "Deus é o que me cinge de força e aperfeiçoa o meu caminho".

MINHA CONFISSÃO DE FÉ

Deus Pai, eu te agradeço por ser uma semente de Abraão e herdeiro de suas bençãos, de acordo com Gálatas 3:13-18 e versículo 29. Creio que o pacto que fizeste com Abraão é uma aliança de crescimento, que está trabalhando na minha vida agora.

Pai, eu te agradeço pela nova aliança que fizeste comigo no sangue de Jesus. Ela opera em minha vida hoje, torna todas as coisas boas para mim, faça com que todas as coisas cooperem para o meu bem, fornece-me todas as coisas boas em abundância, dá-me muita saúde, bem-estar, alegria eterna, paz que excede todo o entendimento, tranquilidade, riso, põe em meu rosto um sorriso que não se apaga, sacia minha alma de coisas boas, renova minha juventude como as águias, esconde-me sob as asas do Deus Todo-Poderoso, me faz florescer em todo bom trabalho, faz com que eu me destaque e seja abundantemente frutífero, faz com que eu seja rico e próspero, tornando a vida eterna em mim evidente de todas as maneiras, sempre exaltando Jesus em minha vida, manifestando as bençãos de Deus em minha vida, operando milagres, curas e as grandes obras de Deus em minha vida

Obrigado Senhor, por me dar o espírito de sabedoria e revelação no conhecimento de Jesus Cristo, meu Senhor, que ilumina os olhos do meu entendimento, que me faz saber qual é a esperança de Tua vocação, a riqueza e a glória de Tua Herança em mim, e a grandeza excedente de Teu poder para comigo, que é o mesmo poder que ressuscitou a Cristo dentre os mortos e assentou-O à Tua mão direita nos lugares celestiais. Efésios 1: 17-21

Para a unção que me dá poder para obter riqueza de acordo com Deuteronômio 8:18, que é sobre mim e obras na minha vida;
Para a unção que me faz rico e não acrescenta tristeza com ele, de acordo com Provérbios 10:22, e que é sobre mim e obras na minha vida;

Para a unção mais do que o suficiente de tudo o que é bom, e de abundância excessiva de acordo com Efésios 3:20, que é sobre mim e obras na minha vida;

Para a unção de perfeita saúde e integridade, de acordo com Isaías 53: 4, 5 e 3 João 2, que é sobre mim e obras na minha vida;

Para a unção da salvação doméstica de acordo com Josué 24:15, Atos 16:34; E Atos 18: 8, que é sobre mim e obras na minha vida.

DEUS ESPERA QUE EU PROSPERE

"A benção do Senhor é que enriquece, e ele não acrescenta dores". (Provérbios 10:22)

"Assim diz o Senhor, o teu Redentor, o Santo de Israel: Eu sou o Senhor, o teu Deus, que te ensina o que é útil e te guia pelo caminho em que deves andar". (Isaías 48:17)

"Ora, aquele que dá a semente ao que semeia e pão para comer também multiplicará a vossa sementeira e aumentará os frutos da vossa justiça". (2 Coríntios 9:10)

"Eu plantei, Apolo regou; mas Deus deu o crescimento. Pelo que nem o que planta é alguma coisa, nem o que rega, mas Deus, que dá o crescimento". (1 Coríntios 3:6-7)

"Também o Senhor dará o bem, e a nossa terra dará o seu fruto". (Salmos 85:12)

"O Senhor vos aumentará cada vez mais, a vós e a vossos filhos.". (Salmos 115: 14)

"Eu tenho uma Aliança com o Deus Todo-Poderoso. É um pacto de crecimento. E Deus não tem problema com o quanto eu prospere, desde que eu devolva-lhe o crédito por isso". Jerry Savelle

Bendizei ao Senhor, ó minha alma.

Bendizei ao Senhor, ó minha alma;
E tudo o que está dentro de mim, abençoe Seu santo nome!
Bendizei ao Senhor, ó minha alma,
E não se esqueçam de todos os Seus benefícios:
Quem perdoa todas as vossas iniqüidades,
Quem cura todas as suas doenças,
Quem redime a tua vida da destruição,
Que vos coroa de misericórdia e misericórdia,
Quem satisfaz sua boca com coisas boas,
Para que sua juventude seja renovada como a da águia.
Salmo 103: 1-5

Davi comandou a sua alma, e tudo o que estava dentro dele para bendizer ao Senhor. Que benefícios você acredita que receberia se você fizesse a mesma coisa? E se você mandasse sua alma bendizer ao Senhor e depois tudo dentro de você, mas individualmente? Como isso:

Bendize ao Senhor Jesus Cristo, ó minha alma. Bendizei ao Senhor Jesus Cristo, ó meu corpo; Bendize ao Senhor Jesus Cristo, o meu cérebro, meus olhos, meus ouvidos, minha boca, minha mente, minhas mãos e meus pés. Bendizei ao Senhor Jesus Cristo, ó meu sangue e vasos sanguíneos. Bendizei ao Senhor Jesus Cristo, ó meus ossos e medula óssea, meus tecidos e tendões e cada célula em meu corpo. Bendizei ao Senhor Jesus Cristo, meu coração, meus pulmões, meus rins, minha bexiga, minha vesícula biliar, meu fígado, minha língua, meus intestinos, meu baço, meu pâncreas ... etc.

Bem, experimente e veja o que acontece. Você não tem nada a perder, mas tudo a ganhar.

Reverendo David Ramiah nasceu na Guiana, na América do Sul, e se mudou para o Canadá, no dia dois de novembro de mil novecentos e oitenta e dois.

Ele atualmente reside em Toronto. Ele é o presidente fundador do Ministério Cristo Exaltado e do Ministério Homem Valente de Valor Internacional, fundador da Mulher Corajosa de Virtude, e é membro do conselho executivo da Federação Canadense de Ministros Cristãos. Ele é também o Pastor presidente do Ministério Cristo Exaltado.

Pastor Ramiah é o autor de vários livros e é conferencista, professor e um pregador inspirador. Ele também é missionário no Brasil servindo por três anos consecutivos, viajando anualmente entre Toronto, Canadá e Brasil. Ele conduz seminários de mudança de vida, prega em várias outras igrejas e viaja conforme solicitado.

NÓS QUEREMOS OUVIR VOCÊ!

Por favor, deixe-nos saber o que o Senhor Jesus Cristo tem feito em sua vida através do livro "Cinco Minutos – O Poder da Oração". Queremos receber seus testemunhos. Ele nos encoraja e nos abençoa quando ouvimos suas histórias de como Deus trabalhou em sua vida. Escreva para nós.

Christ Exalted Ministries
22-90 Signet Drive,
Toronto, Ontario,
M9L 1T5

email: info@christexaltedministries.com

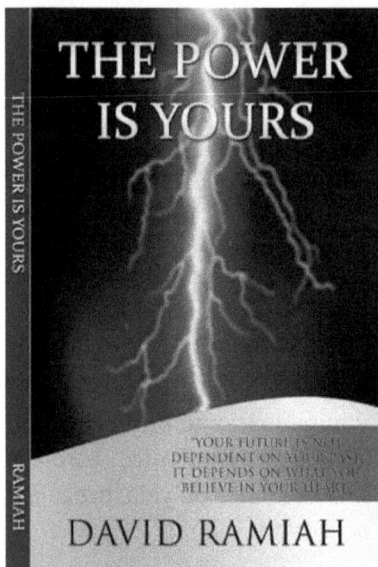

THE POWER IS YOURS

"YOUR FUTURE IS NOT
DEPENDENT ON YOUR PAST.
IT DEPENDS ON WHAT YOU
BELIEVE IN YOUR HEART"

DAVID RAMIAH

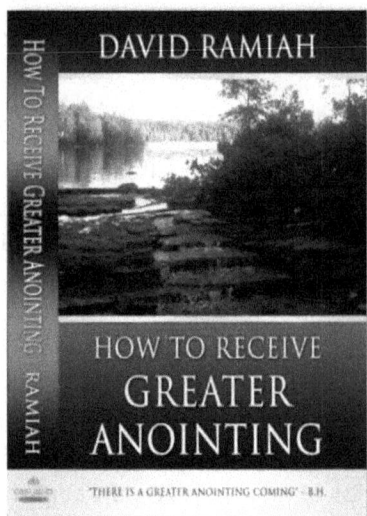

DAVID RAMIAH

HOW TO RECEIVE
GREATER
ANOINTING

'THERE IS A GREATER ANOINTING COMING' - B.H.

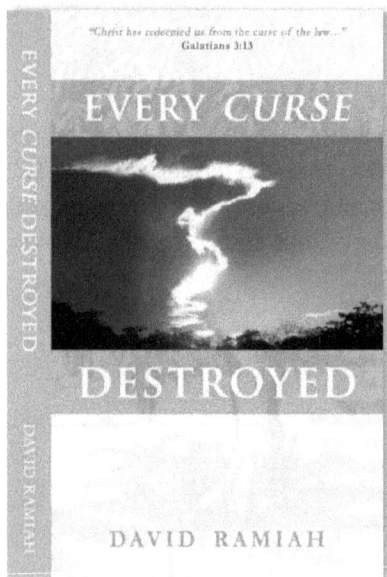

"Christ has redeemed us from the curse of the law..."
Galatians 3:13

EVERY CURSE

DESTROYED

DAVID RAMIAH

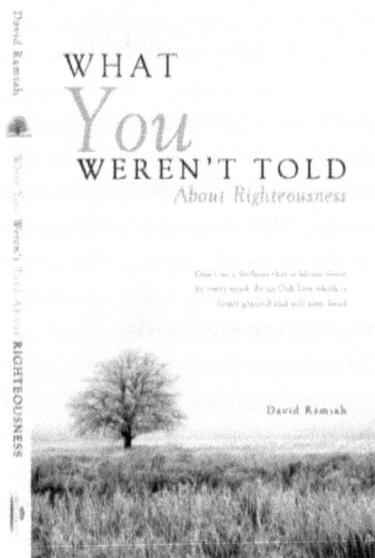

WHAT
You
WEREN'T TOLD
About Righteousness

David Ramiah